COUP D'ŒIL SUR LA DOCTRINE DE LA GRÂCE

JEAN DAPHNIS

PRÉFACE ET INTRODUCTION PAR PROF. EDNER CORBIER

AB **ASPECT Books**
www.ASPECTBooks.com

Tous droits réservés. Cet ouvrage, quelle qu'en soit la portion, sous quelque forme que ce soit, hormis les prévisions de la loi, ne peut être reproduit sans la permission écrite de l'éditeur, excepté par un critique qui peut citer quelques passage dans une revue.

L'auteur assume l'entière responsabilité en ce qui a trait à la précision de tous les faits et citations qui sont publiés dans cet ouvrage. Les opinions exprimées sont des vues et interprétations personnelles de l'auteur, et ne reflètent pas nécessairement celles de l'éditeur.

L'éditeur ne s'est point engagé en prodiguant des conseils spirituels, légaux, médicaux, ou professionnels. Au cas où un conseil autorisé s'avérait nécessaire, le lecteur devrait consulter un professionnel compétent.

Copyright © 2016 Aspect Books

ISBN-13: 978-1-4796-0399-2 (Paperback)

ISBN-13: 978-1-4796-0400-5 (ePub)

ISBN-13: 978-1-4796-0401-2 (Mobi)

Library of Congress Control Number: 2015917366

AB **ASPECT Books**
www.ASPECTBooks.com

AVIS AUX LECTEURS

Les versets utilisés dans cet ouvrage sont extraits de la Sainte Bible traduite d'après les textes originaux hébreu et grec par Louis Second, Docteur en Théologie, »Nouvelle édition revue, avec parallèles.»

LE PÉCHÉ ET LA GRÂCE

« Ainsi donc, comme par une seule offense, la condamnation a atteint tous les hommes, de même par un seul acte de justice la justification qui donne la vie s'étend à tous les hommes. » Romains 5 : 18

TABLE DES MATIÈRES

DÉDICACES

Misérable et pauvre pécheur, si indigne de la grâce divine, l'obligation m'est intimée de m'acquitter tout d'abord de ma dette énorme de reconnaissance, d'ineffable amour, de légitime et profonde admiration envers Celui qui est à jamais

- Mon Créateur, mon Rédempteur et mon Consolateur. Louanges, gloire et honneurs soient au Seigneur Jésus-Christ qui m'a conservé la vie et qui m'a gratifié la faveur de publier cet ouvrage!

Je dédie affectueusement cet ouvrage à celle avec qui, dans la métropole du Nord d'Haïti, le 12 Septembre, 1965, j'ai noué le reste de mon existence, à celle qui, solennellement a choisi de substituer son nom de jeune fille à celui d'épouse,

- Françoise Josianne Niéger Daphnis

De cette union conjugale ont été engendrées deux progénitures:

- Marlyne et Frandzie auxquelles je prends un incommensurable plaisir à dédier cet ouvrage.

Avec ferveur et une profonde gratitude je dédie cet ouvrage à celui qui, de l'aveu général, est un épris de la musique sacrée, au fondateur du quatuor « La Voix de la Tempérance » auquel je me suis associé et dans lequel j'ai eu l'heureux privilège de chanter durant mon passage à l'Université Adventiste de Diquini, Port-au-Prince, Haïti. Mes pensées vont évidemment á l'inlassable

- Docteur et Professeur Edner Corbier qui, avec la promptitude d'un serviteur disponible, toujours prêt à lever les yeux et à voir l'œuvre du Maître qui attend sa coopération, a contribué généreusement à cette publication.

PRÉFACE

Coup d'œil sur la doctrine de la grâce, tel est le titre de l'ouvrage que livre au public Jean Daphnis, pasteur retraité de l'Église adventiste du Septième Jour.

Il a préparé cet ouvrage alors qu'il était étudiant en théologie à l'Université adventiste du Nord de la Caraïbe, Mandeville, Jamaïque. Se basant sur la Sainte Bible, l'auteur a essayé de trouver le sens de la grâce ainsi que son rôle dans certains sujets se rapportant au salut. Il a passé en revue la compréhension de ce sujet chez divers pères de l'Église et théologiens de la Réforme et des dénominations ecclésiastiques.

Enfin, il a cherché à établir les relations de la grâce avec l'homme déchu suivant qu'il les exerce ou non en Jésus-Christ, l'initiateur de la grâce. Puisse la lecture de cet essai nous inciter à approfondir pour nous-mêmes le sujet de la grâce, à y découvrir Celui qui a dit à l'apôtre Paul, en 2 Corinthiens 12 : 9,

« Ma grâce te suffit ; car ma force s'accomplit dans la faiblesse... »

Dr. Edner Corbier

INTRODUCTION

Le vocable « grâce » (latin, gratia ; grec, charis ; hébreu, hēn) dénote une faveur accordée sans y être contraint et reçue sans la mériter.

Du point de vue théologique, elle est à la fois la cause et l'effet du salut, comme l'a déclaré l'apôtre Paul dans son épître adressée à Tite.

> « *La grâce de Dieu, source de salut pour tous les hommes, a été manifestée. Elle nous enseigne à renoncer à l'impiété et aux convoitises mondaines, et à vivre dans le siècle présent, selon la justice et la piété.* » Tite 2 : 11-12.

La source, le moyen et la conséquence du salut sont admirablement révélés aux Éphésiens en ces termes :

> « *C'est par grâce que vous êtes sauvés, par le moyen de la foi. Et cela ne vient pas de vous, c'est le don de Dieu. Ce n'est point par les œuvres, afin que personne ne se glorifie. Car nous sommes son ouvrage, ayant été créés en Jésus-Christ pour de bonnes œuvres, que Dieu a préparées d'avance, afin que nous les pratiquions.* » Éph. 2 : 8-10

Notons, enfin, que l'auteur du salut, celui d'où jaillit la source de la grâce, est révélé dans le prologue de l'Évangile de Jean, selon la version du semeur :

> « *Il a déversé sur nous une grâce après l'autre. En effet… la grâce et la vérité sont venues par Jésus-Christ.* »   Jean 1 : 16-17

Puisse chacun des lecteurs de ce traité accepter la grâce qu'offre Jésus-Christ et lui ouvrir son cœur en entonnant ce cantique évangélique :

Ô toi, source intarissable
De grâce et de vrai Bonheur,
Bon sauveur, saint, adorable
Reçois le don de mon cœur.
(Hymnes et Louanges, n° 615, premier couplet)

Dr. Edner Corbier

LA GRÂCE

Dans le Nouveau Testament, le mot « grâce » est toujours la traduction de charis, mot qui se retrouve plus de 170 fois dans le texte grec. Dans la langue séculière grecque de toutes les périodes, c'est également un mot commun, et dans le grec biblique et séculier, il est utilisé avec des significations beaucoup plus nombreuses qu'il n'en existe pour n'importe quel autre mot.

Tout d'abord, le mot semble dénoter un aspect extérieur agréable, comme dans l'Évangile de Luc :

« Et tous lui rendaient témoignage ; ils étaient étonnés des paroles de grâce qui sortaient de sa bouche, et disaient : N'est-ce pas le fils de Joseph ? » Luc 4 : 22

Objectivement, charis veut parler de l'impression donnée par quelque chose de bien, de gracieux, comme dans la troisième épître de Jean.

« Je n'ai pas de plus grande joie que d'apprendre que mes enfants marchent dans la vérité. » 3 Jean 1 : 4

En tant qu'attribut mental, charis peut se traduire par bienveillance, miséricorde ou, lorsqu'il s'agit d'une personne en particulier, par faveur ou approbation, comme dans l'Évangile de Luc.

« Et Jésus croissait en sagesse, en stature et en grâce devant Dieu et devant les hommes. » Luc 2 : 52

Comme complément à cette charis, on trouve l'émotion provoquée chez la personne qui jouit de cette faveur : c'est la gratitude. Ainsi, dans l'Évangile de Luc, nous trouvons :

« Doit-il de la reconnaissance à ce serviteur ? » Luc 17 : 9

Le mot charis, avec un sens légèrement extrapolé, désigne l'émotion avec laquelle s'expriment la gratitude et les remerciements dans l'épître aux Romains :

« Mais grâces soient rendues à Dieu de ce que, après avoir été esclaves du péché, vous avez obéi de cœur à la règle de doctrine dans laquelle vous avez été instruits. » Rom. 6 : 17

Concrètement, charis peut signifier l'acte par lequel s'exprime la bienveillance comme dans la première lettre de l'apôtre Paul aux Corinthiens :

« Et quand je serai venu, j'enverrai avec des lettres, pour porter vos libéralités à Jérusalem, les personnes que vous avez approuvées. » 1 Cor. 16 : 3

La version autorisée traduit charis par libéralités, par bontés. Naturellement, ces diverses significations se mélangent entre elles et, dans certains cas, il est difficile de rendre avec précision ce que l'auteur voulait exprimer. Il en résulte ainsi de la confusion, à la fois dans l'Ancien et dans le Nouveau Testament.

1. *The International Standard Bible Encyclopedia*, Vol. II, p. 1290

LA GRÂCE DANS
L'ANCIEN TESTAMENT

Il n'existe pas de mot en hébreu pouvant représenter tous les sens de charis, et dans la Septante ce terme est utilisé presque uniquement pour traduire l'hébreu hēn, qui veut dire faveur. Plus près de l'usage fait par l'apôtre Paul de charis, l'hébreu raéðn signifie accueil favorable, consentement, comme dans le livre du prophète Ésaïe :

« *Les fils de l'étranger rebâtiront tes murs, et leurs rois seront tes serviteurs ; car je t'ai frappée dans ma colère, mais dans ma miséricorde j'ai pitié de toi.* » Ésa. 60 : 10

Ou dans le Psaume suivant :

« *Car ce n'est point par leur épée qu'ils se sont emparés du pays. Ce n'est point leur bras qui les a sauvés ; mais c'est ta droite, c'est ton bras, c'est la lumière de ta face, parce que tu les aimais.* » Psa. 44 : 4

On peut trouver des sens étroitement voisins dans l'utilisation de hesedh, qui veut dire amabilité, pitié, comme dans le livre de l'Exode :

« *Et qui fais miséricorde jusqu'à la millième*

génération à ceux qui m'aiment et qui gardent mes commandements. » Exo. 20 : 6

Dans l'Ancien comme dans le Nouveau Testament, l'idée de transgression est toujours adoucie par le pardon de Dieu. Tout le système sacrificiel, dans son aspect expiatoire, repose sur l'attitude bienfaisante de Dieu qui accepte quelque chose à la place de l'obéissance à la loi. D'autre part, les passages où s'exprime la miséricorde divine sans qu'il soit question de sacrifice sont innombrables.

> « *Venez et plaidons ! dit l'Éternel. Si vos péchés sont comme le cramoisi, ils deviendront blancs comme la neige. S'ils sont comme la pourpre, ils deviendront comme la laine.* » Ésa. 1 : 18

> « *Quel Dieu est semblable à toi, qui pardonne l'iniquité, qui oublie les péchés du reste de son héritage ? Il ne garde pas sa colère à toujours, car il prend plaisir à la miséricorde, il aura compassion de nous, mettra sous ses pieds nos iniquités.* » Mic. 7 : 18-20

En fait, dans les chapitres 16, 20 et 21 d'Ézéchiel, la miséricorde est promise à une nation, dont il est dit qu'elle ne la désire guère, ce qui est un cas extrême.

Le simple pardon est une définition très imparfaite de la miséricorde de Dieu dans l'Ancien Testament. Le don fait à Abraham du pays de Canaan, la libération de l'Égypte, la manne dans le désert, la délivrance des ennemis – toute l'histoire d'Israël est le récit des bienfaits de Dieu accordés à son peuple, sans aucune obligation et sans être forcé. Les cœurs des hommes s'en remettent à l'Éternel pour recevoir de l'impulsion à faire le bien.

> « *Éternel, Dieu d'Abraham, d'Isaac et d'Israël, nos*

pères, maintiens à toujours dans le cœur de ton peuple ces dispositions et ces pensées, et affermis son cœur en toi. » 1 Chron. 29 : 18

Et la promesse est faite en vertu de laquelle Dieu, qui s'est manifesté comme un Père aimant, compatissant, riche en grâce, et en fidélité, et qui pardonne, saisira son peuple au temps convenable pour produire en lui une justice réelle.

« *Je rétablirai tes juges tels qu'ils étaient autrefois, et tes conseillers tels qu'ils étaient au commencement. Après cela on t'appellera ville de la justice, cité fidèle.* » Ésa. 1 : 26

« *Mais voici l'alliance que je ferai avec la maison d'Israël après ces jours-là dit l'Éternel : Je mettrai ma loi au-dedans d'eux. Je l'écrirai dans leur cœur, je serai leur Dieu et ils seront mon peuple.* » Jér. 31 : 33

« *Je répandrai sur vous une eau pure et vous serez purifiés; Je vous purifierai de toutes vous souillures et de toutes vos idoles. Je vous donnerai un cœur nouveau et un esprit nouveau; J'ôterai de votre corps le cœur de pierre, et Je vous donnerai un cœur de chair.* » Éze. 36 : 25, 26

2. James Orr, *The International Standard Bible Encyclopedia*, Vol. II, p. 1292

LA GRÂCE DANS LE NOUVEAU TESTAMENT

Dans le Nouveau Testament, la grâce de Dieu n'est pas seulement révélée pleinement par Jésus-Christ, mais le Christ lui-même en est l'expression. S'adressant à l'église d'Éphèse, l'apôtre Paul a déclaré :

> « *Mais Dieu qui est riche en miséricorde, à cause du grand amour dont il nous a aimés, nous qui étions morts par nos offenses, nous a rendus à la vie avec Christ (c'est par grâce que vous êtes sauvés) ; il nous a ressuscités ensemble, et nous a fait asseoir ensemble dans les lieux célestes, en Jésus-Christ, afin de montrer dans les siècles à venir l'infinie richesse de sa grâce par sa bonté envers nous en Jésus-Christ.* » Éph. 2 : 4-7

Il est le moyen choisi par Dieu pour montrer sa miséricorde à l'homme pécheur. S'adressant aux Romains, l'apôtre Paul dit :

> « *Là où le péché a abondé, la grâce a surabondé.* » Rom. 5 : 20

Jésus-Christ est l'assurance donnée par Dieu au rebelle qu'il ne recherche que son bien et qu'il se donne lui-même suprêmement pour le persuader de recevoir cette grâce.

> « *Car vous connaissez la grâce de notre Seigneur Jésus-Christ, qui pour vous s'est fait pauvre, de riche qu'il était, afin que vous fussiez enrichis.* »
> 2 Cor. 8 : 9

L'expression « la grâce de notre Seigneur Jésus-Christ » est très fréquente dans le Nouveau Testament :

> « *Le Dieu de paix écrasera bientôt Satan sous vos pieds. Que la grâce de notre Seigneur soit avec vous.* » Rom. 16 : 20

Et spécialement dans les bénédictions :

> « *Que la grâce de notre Seigneur Jésus-Christ, l'amour de Dieu et la communion du Saint-Esprit, soient avec vous tous !* » 2 Cor. 13 : 13

> « *Frères, que la grâce de notre Seigneur Jésus-Christ, soit avec votre esprit ! Amen !* » Gal. 6 : 18

Il convient de l'interpréter de deux façons : non seulement la grâce du Christ est son attitude personnelle envers l'homme misérable et pécheur, mais encore Jésus lui-même est l'expression sacrificielle de la grâce de Dieu :

> « *Et nous avons tous reçu de sa plénitude, et grâce pour grâce ; car la loi a été donnée par Moïse, la grâce et la vérité sont venues par Jésus-Christ. Personne n'a jamais vu Dieu ; Le Fils unique, qui est dans le sein du Père, est celui qui l'a fait connaître.* »
> Jean 1 : 16-18

La grâce est la justice adoucie par la miséricorde, comme le montre l'apôtre Paul dans l'épître aux Romains.

Selon ses écrits, c'est par la bienveillante miséricorde de Dieu manifestée dans le don de son fils que la véritable justice est venue vers l'homme.

3. Madeleine Miller, *Harpers Bible Dictionary*, p. 236

LA GRÂCE DANS LA JUSTIFICATION

Ce n'est pas parce que nous l'avons aimé en premier que le Christ nous a aimés, car c'est lorsque nous étions encore des pécheurs qu'il est mort pour nous. Il ne nous traite pas selon notre dissidence et, bien que notre péché ait mérité la condamnation, il ne nous condamne pas. Année après année, il a supporté notre obstination. Malgré nos égarements, notre dureté de cœur, notre négligence de sa Parole, il nous tend la main.

La grâce est un attribut de Dieu, exercé envers des êtres indignes. Nous ne l'avons pas recherchée, mais elle nous a été envoyée pour que nous la trouvions. Dieu se réjouit de déverser sa grâce sur nous, non parce que nous en sommes dignes, mais parce que nous en sommes complètement indignes. Le Seigneur Jésus nous tend continuellement la main et invite le pécheur et le perdu à venir à lui. Il vient au secours de tous. Il nous accueille tous.

C'est sa gloire que de pardonner au plus grand des pécheurs. Il arrachera sa proie au puissant, délivrera le captif, prendra le tison brûlant. Il fera descendre la chaîne d'or de sa miséricorde jusque dans les bas-fonds de la méchanceté humaine et élèvera ceux qui sont avilis et contaminés par le péché.

Si quelqu'un se donne au Christ et qu'il l'accepte comme sauveur, alors, aussi mauvaise que sa vie ait pu être, à cause de lui il est considéré comme juste. Le caractère du Christ se substitue au sien et il se tient devant Dieu comme s'il n'avait pas péché. Bien plus, le Christ change le cœur. Il demeure dans le cœur par la foi. L'homme doit maintenir sa relation avec Jésus par la foi et le continuel abandon de sa volonté devant la sienne.

Aussi longtemps qu'il se comporte de la sorte, le Christ agira en lui selon son bon plaisir. Il peut alors, à l'instar de l'apôtre Paul, s'écrier :

« *Si je vis maintenant dans la chair, je vis dans la foi au Fils de Dieu, qui m'a aimé et s'est livré lui-même pour moi.* »   Gal. 2 : 20

Alors, avec Christ opérant dans l'individu, celui-ci manifestera l'esprit de son Seigneur, fera les mêmes œuvres, des œuvres de justice et d'obéissance. L'homme n'a rien en lui qui soit un sujet de gloire, il n'a aucune raison de s'exalter lui-même. Son unique espoir est dans la justice du Christ qui nous est imputée et qui agit par l'esprit en nous et à travers nous.

4. E. G. White, *Ministère de la Guérison*, p. 125
5. E. G. White, *La Clé du Bonheur*, p. 67-68

LA GRÂCE DANS
LA SANCTIFICATION

La sanctification n'est pas l'œuvre d'un moment, d'une heure ou d'un jour. C'est une croissance continuelle dans la grâce.

L'apôtre Pierre déclare :

*« Croissez dans la grâce et dans la connaissance de notre Seigneur et Sauveur Jésus-Christ. »*2 Pi. 3 : 18

Aujourd'hui, nous ignorons ce que nous aurons à affronter le lendemain. Satan est vivant et très actif, et chaque jour nous avons besoin de crier avec ferveur à Dieu afin qu'il nous accorde son aide et sa force pour lui résister.

La vie chrétienne est une marche constante en avant. Jésus est celui qui affine et purifie son peuple et, quand son image sera reflétée en ses enfants, ils seront parfaits et saints, prêts à être transformés.

La force et la grâce ont été accordées par l'intermédiaire de Christ et sont apportées à toute âme croyante par le ministère des anges. Nul n'est trop pécheur pour être privé de la puissance, de la pureté et de la justice de Jésus, qui est mort pour tous. Il attend les pécheurs pour leur retirer leurs habits souillés et pollués par le péché et les couvrir des vêtements blancs de la justice. Le grand cœur de l'amour infini est attiré vers le pécheur par une compassion sans limites.

> « *Nous avons la rédemption par son sang, la rémission des péchés.* » Éph. 1 : 7

Oui, il nous suffit de croire que Dieu est notre aide. Il désire restaurer en l'homme son image morale ; et, alors que nous nous approchons de lui par la confession et la repentance, il se rapproche de nous par la grâce, la miséricorde et le pardon.

En commentant le texte de 2 Pierre 3 : 18, Madame Ellen G. White a écrit :

> « À mesure que les enfants de Dieu croissent en grâce, ils obtiennent une compréhension de plus en plus claire de sa Parole. Ils discernent dans ses vérités sacrées des lumières et des beautés toujours nouvelles. C'est l'expérience qu'a pu faire l'Église de Jésus-Christ de tous les temps, et c'est ce qu'elle fera jusqu'à la fin.

> « *Le sentier des justes est comme la lumière resplendissante dont l'éclat va croissant jusqu'au lever du jour.* » Prov. 4 : 18

> Par la foi, plongeant nos regards dans l'avenir, nous pouvons compter sur le moment béni où, selon les promesses de Dieu, nous réaliserons un développement constant de notre intelligence. Les facultés humaines seront alors unies à la sagesse divine et toutes les puissances de notre être seront mises en contact direct avec la Source de la Lumière. »

6. E. G. White, *Témoignages pour l'Église*, Vol. I, p. 123
7. E. G. White, *La Clé du Bonheur*, p. 118
8. E. G. White, *La Clé du Bonheur*, p. 118
9. E. G. White, *Vers Jésus*, p. 34

LA GRÂCE DANS LES
ENSEIGNEMENTS DE CHRIST

Dans le texte grec des Évangiles, le mot charis n'est utilisé par Jésus que dans l'Évangile de Luc :

« Si vous aimez ceux qui vous aiment, quel gré vous en saura-t-on ? Les pécheurs aussi aiment ceux qui les aiment. Si vous faites du bien à ceux qui vous font du bien, quel gré vous en saura-t-on ? Les pécheurs aussi agissent de même. Et si vous prêtez à ceux de qui vous espérez recevoir, quel gré vous en saura-t-on ? Les pécheurs aussi prêtent aux pécheurs afin de recevoir la pareille. » Luc 6 : 32-34

« Doit-il de la reconnaissance à ce serviteur parce qu'il a fait ce qui lui était ordonné ? » Luc 17 : 9

Comme Jésus s'exprimait en araméen, le choix de ce mot est dû à l'auteur, l'évangéliste Luc, probablement sous l'influence de son usage courant par les chrétiens de son temps. Dans les paroles de notre Seigneur qui ont été rapportées, il ne se trouve aucun mot laissant supposer qu'il utilisait un terme quelconque parlant de la grâce, quel qu'en fût le sens. Mais l'idée en est indubitablement présente. Que le pardon soit un acte libre de la part de Dieu fait essentiellement partie des enseignements de Jésus, et la leçon en est enseignée de bien des manières.

Le fils prodigue qui ne connaît que sa misère, le publicain dépourvu de mérite à faire valoir, les malades ayant besoin d'un médecin, ceux qui ont faim et soif de justice, tels sont ceux pour qui le pardon de Dieu est inépuisable. Des bénédictions positives, d'ordre spirituel ou temporel, doivent être recherchées auprès de Dieu, avec une parfaite confiance en Celui qui revêt l'herbe des champs et sait donner de bonnes choses à ses enfants (Matt. 7 : 11).

Sans aucun doute, ces paroles de Christ révèlent son enseignement concernant la grâce.

---

10. E. G. White, *La Clé du Bonheur,* p. 118
11. James Orr, *International Standard Encycl.,* p. 1291

RELATION ENTRE LA GRÂCE ET LA LOI

Il n'existe en fait aucun conflit entre la grâce et la loi, les dix commandements. Chacun de ces derniers joue son rôle dans le plan de la grâce, qui ne peut donc s'opposer à la loi, norme de la justice de Dieu. La loi non plus ne s'oppose pas à la grâce. Chacune a ses fonctions spécifiques et ne peut empiéter sur l'autre.

Une chose est certaine : l'homme ne peut être sauvé par aucun effort de sa part. Nous croyons fermement que ni les œuvres de la loi, ni aucun effort, aussi louable soit-il, ni aucune bonne œuvre sacrificielle ou non, ne peut en aucune façon justifier le pécheur.

S'adressant à Tite et aux Romains, l'apôtre Paul déclare :

« *Il nous a sauvés, non à cause des œuvres de justice que nous aurions faites, mais selon sa miséricorde,*

*par le baptême de la régénération et le renouvelle-
ment du Saint-Esprit.* » Tite 3 : 5

« *Car nul ne sera justifié devant lui par les œuvres
de la loi, puisque c'est par la loi que vient la connaissance du péché.* » Rom. 3 : 20

Le salut vient tout entier par la grâce ; c'est un don de
Dieu. Au commencement, l'homme a été fait droit. Il est
écrit dans le livre d'Ecclésiaste :

« *Seulement, voici ce que j'ai trouvé, c'est que Dieu
a fait les hommes droits ; mais ils ont cherché beaucoup de détours.* » Éccl. 7 : 29

Il n'y avait aucune trace de péché en lui lorsqu'il est
sorti des mains de son créateur. Il était à l'image de Dieu
et son caractère était en harmonie avec les principes de la
sainte loi de Dieu. Mais l'homme a péché et le but de Dieu
est de restaurer en l'homme, par l'Évangile, cette image
de lui-même.

L'homme était sans péché à l'origine ; maintenant, il est
pécheur. Mais quand la bonne nouvelle de la grâce de Dieu
fait son travail en son cœur, il est revêtu de la robe de justice
de Christ. Cette justice lui est imputée pour sa justification
et impartie pour sa sanctification. Et par Christ, et Christ
seul, elle sera sienne, et pour toujours pour sa glorification.

AUGUSTIN ET LA GRÂCE

Augustin affirme qu'une grâce divine spéciale fut gratuitement donnée à nos premiers parents en quantité telle qu'elle devait les rendre capables de persévérer dans l'obéissance. Pour l'homme déchu, elle est absolument nécessaire pour lui permettre de vouloir ou de faire le bien.

La grâce est irrésistible et imméritée. En raison de la chute d'Adam, Dieu concevait toute l'humanité comme une masse de péché ou de corruption, amendable par la justice divine ou suprême. Que la punition soit exigée ou ôtée, aucune injustice n'est commise.

De cette masse indistincte, Dieu retire certains pour le salut et permet que les autres soient réprouvés. La volonté même de s'assurer le salut est un don de Dieu qui a été refusé à des âmes dont il fait des « vases qu'on méprise ».

Non que Dieu soit l'auteur du péché ; mais ceux à qui la grâce est refusée deviennent des vases de déshonneur et contribuent à l'harmonie du système divin.

12. Albert H. Newman, *A Manual of Church History*, p. 367
13. K. S. Latourette, *A History of Christianity*, p. 512-513
14. Albert H. Newman, *op. cit.*, p. 356
15. Samuel M. Jackson, *The New Scheff-Henzog Encyclopaedia*, p. 41-42 __

THOMAS D'AQUIN ET LA GRÂCE

Thomas d'Aquin croit que c'est par Christ que la grâce de Dieu est accordée à l'homme. Jésus-Christ est le Professeur, le Messie, le Prêtre et le Sacrificateur. Par les souffrances et la mort de Christ, l'homme est libéré de la puissance du mal et de la peine du péché, et il est réconcilié avec Dieu. Il soutient que la grâce est obtenue par l'intermédiaire des sacrements, et que ceux-ci tirent leur efficacité de la passion de Christ.

Les sacrements sont les moyens par lesquels opéra la grâce, qui vient de Christ. Dieu agit à travers eux. C'est lui qui les rend agissants, et non l'attitude de ceux à qui ils sont administrés. Il déclare leur effet ex opere operato, c'est-à-dire qu'ils viennent de l'acte qui les produit.

PÉLAGE ET LA GRÂCE

PELAGIUS

Pélage et ses disciples utilisent l'expression « grâce divine » comme le fait de notre création, que nous soyons vivants, que nous ayons la volonté libre (libre arbitre), que nous jouissions de la bienfaisance incessante de Dieu, que la loi divine nous ait été donnée dans l'Ancien Testament et, par-dessus tout, le fait que nous bénéficions de l'exemple, des enseignements et des souffrances du Fils incarné. Ils affirment que le salut est possible sans la loi ou l'Évangile et que certains l'ont obtenu avant que la loi n'ait été donnée. Ils croient aussi que le salut était plus facile sans la loi et que la dispensation évangélique en facilite l'accès.

LE MOYEN-ÂGE ET LA GRÂCE

La scolastique du Moyen-Âge retient certains éléments essentiels de la doctrine de la grâce d'Augustin. Thomas d'Aquin le suit de très près. Selon la scolastique, l'attribution originelle de la grâce est tout à fait imméritée et la grâce est la communication d'une puissance, une qualité infuse dans l'âme. Accompagnant cette nouvelle vie morale, la rémission de la faute nous est aussi apportée par la grâce. Augustin et Thomas d'Aquin soulignent la nécessité des bonnes œuvres, qui sont rendues possibles par la grâce reçue, mais rappellent l'importance de la grâce venant non de notre nature foncièrement pécheresse et corrompue, mais du caractère transcendant du don religieux qui s'obtient seulement d'une puissance supérieure.

En outre, si Thomas d'Aquin déclare que Dieu est « la cause première », c'est seulement pour lui une cause métaphysique. En pratique, il laisse une place au libre arbitre dans la préparation en vue d'obtenir la grâce. Finalement, il approfondit la distinction entre la grâce opérante et la grâce co-opérante. Le commencement et la continuation du salut ne dépendent pas de la grâce à un degré égal. Le fait qu'après la conversion la volonté n'est pas seulement poussée à agir, mais agit elle-même, justifie une considération spéciale du rôle qu'elle joue dans les bonnes œuvres. Selon Duns Scotus : « L'homme est le chef souverain de sa volonté et la seule cause des actes de volonté de l'individu. La grâce ne crée pas le bien, elle ne fait que l'augmenter. »

16. Albert H. Newman, *A Manual of Church History*, p. 367
17. K. S. Latourette, *A History of Christianity*, p. 512, 513
18. Albert H. Newman, *op. cit.*, p. 356
19. Samuel M. Jackson, *The New Sehaff-Henzog Eney*, p. 41-42

LUTHER, PHILIPPE MÉLANCHTHON ET LA GRÂCE

EFFIGIES PHIL: MELANCHTHONIS ANN AET ·
XXX CZ LVCA CRONACHIO PICTORE ·
· M · D · XXXVII ·

Luther fut d'abord un disciple d'Augustin. Comme lui, il enseigne la totale incapacité de l'homme naturel à faire vraiment le bien. Toute bonne œuvre est le fruit de la grâce. L'homme n'a aucune préparation à faire pour la recevoir.

Il accepte, au début, la conception scolastique du caractère inné de la grâce, mais à ce moment-là, l'idée de l'apôtre Paul commence à s'emparer de lui, selon laquelle la bénédiction réelle n'est pas la transformation morale, mais le pardon des péchés. La grâce du pardon dépend de Christ et de ce qu'il a accompli, et doit être saisie comme la puissance de Dieu effectuant la rédemption. Le moyen par lequel Dieu répand sa grâce est dans la Parole.

Le point de vue évangélique selon lequel la grâce n'est pas une qualité infuse, mais une faveur personnelle de

Dieu, apparaît d'abord dans l'œuvre de Mélanchthon qui traduit le mot charis par faveur. C'est seulement par un effet de la bienveillance de Dieu que le don du Saint Esprit vient ensuite. Les mêmes interprétations se trouvent dans l'œuvre de Luther. Ainsi, le caractère personnel de la grâce, tel qu'on le trouve chez l'apôtre Paul, est restauré, et les mérites de l'homme disparaissent derrière le seul mérite de Christ.

Dans son traité De serve arbitrio publié en l'année 1525, Luther essaie d'appuyer la nécessité de la grâce et la certitude du salut par la foi sur des idées métaphysiques de déterminisme et de prédestination. Mais ces pensées n'ont pas eu une grande influence sur l'Église luthérienne.

L'ÉGLISE CATHOLIQUE ROMAINE ET LA GRÂCE

La justification est un acte divin qui communique la grâce sanctifiante et, par cette grâce, communique une vie surnaturelle à l'âme qui, par le péché originel ou commis, avait encouru la mort spirituelle. Cela revient à dire que la justification est un changement qui est à l'œuvre dans l'âme humaine, ou le passage de l'état de péché à l'état de grâce. Cette grâce est un don du Dieu tout-puissant, comme un rayon venant directement de la bonté divine et remplissant l'âme, qui rend ceux qui le reçoivent agréables à Dieu et justifiés à ses yeux.

La grâce de la justification produit un changement qui affecte l'âme régénérée par sa présence, l'élevant et la rendant parfaite. Par cette grâce, le pécheur est amené à la ressemblance avec Dieu et porté à un état d'amitié avec lui et de filiation divine. L'Église Catholique Romaine enseigne que la grâce de la justification ne fait pas que couvrir le péché, mais qu'elle l'efface complètement; c'est-à-dire qu'elle efface la faute et la tâche venant du péché, et tient quitte de la punition éternelle qui en est résulté.

Couvrir simplement le péché est une manière humaine de pardonner, consistant à passer par-dessus la faute du pécheur et à le traiter extérieurement comme s'il ne l'avait pas commise et comme si aucune souillure de l'âme n'en résultait, bien que la faute et la souillure soient encore là. Dieu, lui, pardonne en purifiant entièrement de la faute et de la souillure, de sorte qu'à leur place il voit dans le pécheur pardonné « la grâce ou la charité de Dieu déversée en nos coeurs par le Saint-Esprit » qui, comme un feu, a détruit toutes les scories du péché et rendu l'homme pur, saint et droit.

LA GRÂCE ACTUELLE

Après avoir été justifiés, nous avons encore besoin, afin d'accomplir une bonne œuvre méritoire, d'une autre grâce appelée « grâce actuelle » ou « agissante ». La grâce justifiante, dont nous avons parlé précédemment, est aussi appelée « grâce habituelle ». Elle est durable, tandis que la grâce « actuelle » passe et s'applique seulement à des actes individuels pendant le temps de leur durée. C'est une aide divine passagère, surnaturelle, éclairant tout malentendu, faisant agir notre volonté et nous rendant capables d'accomplir toute bonne œuvre, tout ce qui semble impossible.

La grâce ne force pas la libre volonté de l'homme, mais la respecte et la laisse agir, avec ou sans elle. En conséquence, la grâce ne détruit pas notre volonté, mais l'aide seulement, et il est nécessaire que nous agissions avec elle. « Dieu qui t'a créé sans toi ne te sauvera pas sans toi », dit Augustin. Et les Saintes Écritures déclarent que Dieu rendra à chacun selon ses œuvres. Nous avons continuellement besoin de la grâce actuelle pour accomplir de bonnes œuvres avant d'être justifiés et après l'avoir été. Jésus, au cours de son ministère terrestre, a dit :

« *Je suis le cep, vous êtes les sarments. Celui qui demeure en moi et en qui je demeure porte beaucoup de fruits, car sans moi vous ne pouvez rien faire.* »   Jean 15 : 5

L'apôtre Paul dit que sans la grâce de Dieu nous sommes incapables d'avoir même une bonne pensée. Les bonnes actions, cependant, accomplies avec le secours de la grâce avant la justification, ne sont pas méritoires à strictement parler, mais servent à aplanir le chemin de la justification, à pousser Dieu, bien que ce soit simplement par miséricorde et clémence, à nous aider et à nous rendre mieux disposés à recevoir cette justification.

Or si, avec l'assistance de la grâce actuelle, de bonnes œuvres sont accomplies par la personne en état de grâce justifiante, elles sont alors acceptées par Dieu et font mériter un accroissement de grâce sur la terre et de gloire dans le ciel.

20. *Ibid.*, p. 58-59

LES SACREMENTS

D'après le catéchisme, « un sacrement est un signe extérieur de la grâce intérieure, ordonné par Jésus-Christ, par lequel la grâce est donnée à nos âmes. » D'une manière plus complète, un sacrement peut être défini comme le signe extérieur d'une grâce invisible ordonnée par Jésus-Christ, comme ressource permanente dans l'église et qui, par la vertu des mérites du Christ, a le pouvoir d'accorder à celui qui est digne de le recevoir, la grâce qu'il signifie.

L'objet du sacrement est d'appliquer à l'homme les fruits de la rédemption accomplie par notre Sauveur, en lui communiquant ainsi la grâce habituelle de la justification, ou un accroissement de celle-ci, et d'autres grâces ou le recouvrement de la justification quand elle a été perdue.

LES TÉMOINS DE JÉHOVAH
ET LA GRÂCE

Alors que les Saintes Écritures montrent que la destinée naturelle de l'homme pécheur est la mort, les Témoins de Jéhovah offrent un rayon d'espoir en disant que l'on peut échapper à cette peine. Dieu, dans sa grâce, a prévu de délivrer l'homme de la mort pour le faire vivre.

> « Car le salaire du péché c'est la mort, mais le don gratuit, c'est la vie éternelle en Jésus-Christ notre Seigneur. » Rom. 6 : 23

Ce verset résume la véritable espérance de l'homme. Car, s'il se tourne vers Dieu, par le Christ il est justifié, sanctifié et délivré de la condamnation à mort. Mais la grâce de Dieu par Jésus ne fait pas qu'accorder le salut aux vivants ; cette promesse est aussi pour ceux qui sont morts avant la venue de Jésus-Christ. De plus, le bénéfice de l'œuvre accompli par le Christ englobe ceux qui sont morts depuis son sacrifice, mais qui n'ont pas eu l'occasion d'entendre l'Évangile. Jéhovah, par le sacrifice et la résurrection de Christ, a fait un plan selon lequel la mort des injustes, que ce soit sous l'Ancien ou le Nouveau Testament, est transformée en un sommeil. La résurrection de

Christ a assuré la résurrection de toute l'humanité.

L'œuvre de la grâce pour préparer l'homme à la vie éternelle s'effectue en plusieurs étapes distinctes. À chacune d'elles, l'homme a la responsabilité de répondre ou de s'abandonner à la volonté de Dieu.

21. *Ibid.*, p. 61
22. McKinney, *The Theology of Jehovah Witnesses*, p. 62-63

REPENTANCE, CONVERSION, CONSÉCRATION, JUSTIFICATION, SANCTIFICATION

Repentance

C'est la chose essentielle dans la préparation du pécheur pour recevoir les mérites du sacrifice de Christ. La repentance est le changement d'esprit concernant nos relations avec le mal. Elle peut venir de la prise de conscience, par l'individu, qu'il est un pécheur et est né ainsi ; elle peut venir également du désir de reconnaître que Jésus est son Rédempteur et d'en savoir davantage à son sujet. En lui-même, ce pécheur n'approuve pas les manières du monde et commence à se tourner dans la bonne direction.

Conversion

On change de conduite quand on a été attiré par Christ. Le pécheur repentant est attiré de trois manières : (1) par ce qu'il apprend au sujet de Jésus, (2) par sa prise de conscience de ce que Christ a fait pour lui, (3) par son désir de suivre le droit chemin.

Consécration

C'est un acte de foi fondé sur une connaissance de

l'existence de Dieu et du sacrifice de Jésus-Christ. Par la consécration, l'individu est amené dans une relation chrétienne avec Dieu. Mais, avant qu'il n'existe une parfaite harmonie avec Dieu, il doit savoir ce qu'il lui en coûtera d'être disciple de Christ. Il apprend qu'il lui en coûtera tout ce qu'il a, c'est-à-dire l'abandon de lui-même à Dieu. Cela est clairement indiqué dans les paroles suivantes du maître, dans l'Évangile de Matthieu :

> « *Alors Jésus dit à ses disciples : si quelqu'un veut venir après moi, qu'il renonce à lui-même, qu'il se charge de sa croix, et qu'il me suive.* » Mat. 16 : 24

Se consacrer veut donc dire mettre sa volonté de côté pour faire celle de Dieu.

Justification

Le pécheur repentant, converti et consacré, est maintenant en état d'être justifié par un acte de Jéhovah. L'apôtre Paul, dans son épître aux Romains, déclare :

> « *Qui accusera les élus de Dieu ? C'est Dieu qui justifie.* » Rom. 8 : 33

Seuls ceux qui sont choisis pour être les membres du corps de Christ sont justifiés. Et ils le sont seulement dans le but d'être acceptés comme partie du sacrifice de Christ, qui sera présenté à Jéhovah, car tous ceux-ci doivent être parfaits. L'individu est dans une situation correcte envers Dieu et, par conséquent, il peut être accepté par lui.

Sanctification

C'est le processus par lequel la nouvelle créature en Christ est transformée et rendue semblable à l'image du Fils. L'épître aux Romains le confirme :

> « *Car ceux qu'il a connus d'avance, il les a aussi prédestinés à être semblables à l'image de son Fils, afin que son Fils fût le premier-né entre plusieurs frères.* » Rom. 8 : 29

En réalité, cela commence lorsque Jéhovah accepte notre consécration et continuera jusqu'à la naissance au niveau de l'Esprit. De plus, la sanctification met à part le nouvel homme en Christ pour l'usage de Jéhovah. Ce processus est accompli par Jéhovah, car il est écrit dans la lettre adressée aux Hébreux :

> « *Car celui qui sanctifie et ceux qui sont sanctifiés sont tous issus d'un seul. C'est pourquoi il n'a pas honte de les appeler frères.* » Héb. 2 : 11

Celui qui sanctifie est le Seigneur Jésus-Christ et ceux qu'il sanctifie sont les membres de son corps – et tous ont un seul Père, Jéhovah Dieu. C'est pourquoi tous participent à un corps unique, qui constitue le mystère de Dieu.

LES MENNONITES ET LA GRÂCE

Alors que les anabaptistes mettent l'accent sur la régénération, les Mennonites reconnaissaient que même
ceux qui ont fait l'expérience de la nouvelle naissance
continuent à être privés de la gloire de Dieu. Mais les
chrétiens jouissent de la grâce de Dieu.

Menno Simons, fondateur du mouvement, écrit : « Par
Jésus-Christ, nous sommes dans la grâce. Par lui, nos
sentiments et nos transgressions qui sont commis invo-
lontairement, sont pardonnés. Car lui qui se tient entre
son Père et des enfants imparfaits, avec sa justice parfaite, avec son propre sang et sa mort, intercède pour
tous ceux qui croient en lui et qui s'efforcent, par la foi en
sa Parole divine, de se détourner du mal, de faire ce qui
est bien, et qui désirent sincèrement, avec Paul, pouvoir
atteindre la perfection qui est en Christ. »

LES ADVENTISTES DU SEPTIÈME JOUR ET LA GRÂCE

MARCH						2015
DIM	LUN	MAR	MER	JEU	VEN	SAM
						SABBAT
1	2	3	4	5	6	7
8	9	10	11	12	13	14
15	16	17		19	20	21
22	23	24	25	26	27	28
29	30	31				

LE 7ÈME JOUR EST LE JOUR DE L'ÉTERNEL...Exo. 20 : 8-11

SOUVIENS-TOI DU JOUR DU REPOS POUR LE SANCTIFIER

Selon les croyances des adventistes du Septième Jour, il n'y a et ne peut y avoir aucun salut par la loi ou les œuvres humaines de la loi, mais seulement par la grâce salvatrice de Dieu.

Pour eux, c'est un principe de base. Ce plan transcendant de la grâce de Dieu est mis en valeur aussi bien dans l'Ancien que dans le Nouveau Testament, bien que les vérités concernant la grâce merveilleuse de Dieu soient plus totalement dévoilées et plus complètement manifestées à l'époque du Nouveau Testament et dans ses écrits.

Le sens particulier attaché au terme de grâce dans le Nouveau Testament, et spécialement dans les écrits de l'apôtre Paul, est celui d'une grâce abondante et salvatrice telle qu'elle est révélée en Jésus-Christ, selon qu'il est écrit dans la lettre de Paul aux Romains :

« *Car tous ont péché et sont privés de la gloire de Dieu ;* » Rom. 3 : 23

Une telle faveur et une telle bienveillance pleine d'amour de la part de Dieu sont totalement imméritées par l'homme pécheur. Les hommes ont vécu en haïssant Dieu et en se rebellant contre lui, comme le déclare si bien l'apôtre Paul dans le premier chapitre de son épître adressée aux Romains :

« *puisque, ayant connu Dieu, ils ne l'ont point glorifié comme Dieu, et ils ne lui ont point rendu grâces; mais ils se sont égarés dans leurs pensées, et leur cœur sans intelligence a été plongé dans les ténèbres.* » Rom. 1 : 21

« *dépourvus d'intelligence, de loyauté, d'affection naturelle, de miséricorde.* » Rom. 1 : 31

Les hommes ont altéré la vérité de la Parole de Dieu. Comme l'apôtre Paul l'a successivement dit dans sa première lettre adressée aux Romains :

« *La colère de Dieu se révèle du ciel contre toute impiété et toute injustice des hommes qui retiennent la vérité captive,* » Rom. 1 : 18

« *eux qui ont changé la vérité de Dieu en mensonge, et qui ont adoré et servi la créature au lieu du Créateur, qui est béni éternellement, Amen!* » Rom. 1 :25

Les hommes ont préféré adorer des animaux et des reptiles, et ils ont souillé son image dans leurs propres corps. Ils ont blasphémé son nom et méprisé la patience et la longanimité de Dieu. Finalement, ils ont mis ignominieusement à mort son Fils unique, envoyé pour les sauver. Cependant, Dieu a continué à considérer l'homme avec amour, afin que la révélation de cet amour puisse les amener à la repentance, car dans sa lettre écrite à l'église de Rome l'apôtre Paul déclare :

> « Ou méprises-tu les richesses de sa bonté et de sa patience et de sa longanimité, ne reconnaissant pas que la bonté de Dieu te pousse à la repentance ? »
> Rom. 2 : 4

Telle est la grâce de Dieu dans le sens particulier du Nouveau Testament. C'est, envers les hommes et les femmes pécheurs, l'amour illimité de Dieu, transformateur et qui inclut tout le monde ; et la bonne nouvelle de cette grâce telle qu'elle est révélée dans l'épître aux Romains :

> « Car je n'ai point honte de l'Évangile ; c'est une puissance de Dieu pour le salut de quiconque croit, du Juif premièrement, puis du Grec.» Rom. 1 : 16

Ce n'est pas la bonne volonté et la miséricorde que Dieu manifeste dans le pardon, mais une puissance active, qui donne de l'énergie et transforme pour sauver. Ainsi, elle peut remplir une personne, être donnée ; elle est entièrement suffisante ; elle règne dans le cœur, l'enseigne et l'affermit, selon ce qui est écrit dans l'épître aux Hébreux :

> « Ne vous laissez pas entraîner par les doctrines diverses et étrangères ; car il est bon que le cœur soit affermi par la grâce, et non par des aliments qui n'ont servi de rien à ceux qui s'y sont attachés. » Héb. 13 : 9

> « Notre condition a été rendue contraire à la nature du péché, et la puissance qui nous restaure doit être surnaturelle, sinon elle serait sans valeur. Il n'existe qu'une seule puissance capable de briser l'emprise du péché sur les cœurs des hommes, et c'est Celui qui a été crucifié qui peut purifier du péché. Sa grâce seule nous rend capables de résister

aux mauvaises tendances de notre nature et de les vaincre. *Les théories spiritualistes concernant la grâce de Dieu le rendent sans effet.* »

Dans un autre ouvrage, Ellen G. White, la servante du Seigneur continue ainsi :

« *L'homme ne peut se transformer par l'exercice de sa volonté. Il ne possède aucun pouvoir lui permettant d'effectuer ce changement. Le levain, quelque chose de complet en soi et qui ne vient de rien, doit être mis dans la farine avant que le changement désiré ne puisse intervenir. Ainsi en est-il de la grâce de Dieu : elle doit être reçue par le pécheur avant qu'il ne puisse être apte au Royaume de gloire.*

« *Toute la culture et l'éducation que le monde peut donner n'arriveront pas à faire d'un enfant du péché un enfant du ciel. L'énergie rénovatrice doit venir de Dieu, et c'est son Saint-Esprit qui opère le changement. Tous ceux qui voudraient être sauvés, éminents ou humbles, riches ou pauvres, doivent se soumettre à l'œuvre de cette puissance. De même que le levain, lorsqu'il est mélangé à la farine, opère de l'intérieur vers l'extérieur, ainsi, par le renouvellement du cœur, la grâce de Dieu en effectue la transformation. Un simple changement extérieur ne suffit pas pour nous mettre en harmonie avec Dieu. Le premier travail concerne le cœur.*

« *Nous devons tout à la grâce gratuite de Dieu. La grâce, dans l'alliance, a prévu notre adoption. La grâce, dans le Sauveur, a effectué notre rédemption, notre régénération, et fait de nous des co-héritiers avec Christ. Que cette grâce soit révélée aux autres.* »

LA GRÂCE DANS LA CROIX

La grâce dans la croix est l'affirmation de l'autorité indiscutable de Dieu. C'est la révélation et l'œuvre de son amour inextinguible. C'est le rayonnement de sa sagesse dévoilée. Tout d'abord, la grâce s'est affirmée avec une autorité incontestable. Elle n'a demandé aucune permission, n'a sollicité l'avis d'aucun homme.

Elle a agi avec droit et autorité, malgré la rébellion volontaire de l'homme contre son trône. L'homme n'a pas détrôné Dieu quand il a élevé la croix. Dieu est amour et il n'a pas abandonné l'homme, même quand l'homme l'a abandonné. C'est la grande leçon de la croix.

Les hommes ont refusé d'être gouvernés par Dieu, et cependant il y a la croix, exprimant cette attitude : l'amour règne toujours, il dirige encore les vues du gouvernement, il déclare encore que, sans Dieu, l'homme ne peut rien faire. Séparé de l'autorité de Dieu, l'homme est à jamais sans espoir et ruiné. Même dans le baptême de sang de cette affreuse passion de Christ, Dieu s'est intronisé et a affirmé la supériorité de la volonté de l'amour sur celle de la révolte.

Les hommes ont jeté dans les ténèbres le roi qui avait été désigné, mais, même dans les ténèbres, il était toujours le roi et poursuivait son règne dans l'amour. Il ne s'agissait pas d'un renforcement d'autorité non plus que d'une insistance mise à gouverner, ni de la défense du bien, car il semble que s'il en avait été ainsi, Dieu aurait pu établir tout cela en se débarrassant de l'homme. Ce ne sont pas là les principes justifiés et révélés à la croix. La croix montre l'insistance de l'amour, la persistance de l'amour, l'amour qui règne toujours même dans les ténèbres. Si cela n'avait été pour l'amour, il n'y aurait pas eu la croix.

Chaque violation d'un fait entrant dans le plan divin aurait pu être réparée par la destruction de ce qui avait échoué si affreusement et avec tant d'évidence. L'amour, grâce à un propos délibéré et à la prescience, permet à l'homme d'exprimer son péché à la croix, et dans cet acte final d'expression pleine et ultime, la grâce occupe le trône, tient le sceptre et révèle, d'une manière unique, l'autorité de Dieu et la raison de cet amour.

En outre, à la croix est dévoilée et révélée la sagesse de Dieu. Voyant que l'homme, dans son aveuglement, n'avait pas su voir, et connaissant parfaitement toute la dépravation opérée par l'homme, Dieu a conçu et exécuté un plan de rédemption si merveilleux que les intelligences saintes des mondes supérieurs elles-mêmes ont toujours désiré plonger les regards dans ce grand mystère de sagesse, et qu'aucun être humain n'a jamais été capable d'en exprimer parfaitement les profondeurs.

Quelles paroles merveilleuses que celles prononcées par les lèvres de Jésus : « Tout est accompli. » L'évangéliste Jean en donne le rapport suivant :

> « *Quand Jésus eut pris le vinaigre, il dit : Tout est accompli. Et baissant la tête, il rendit l'esprit.* »
> Jean 19 : 30

Qu'est-ce qui était fini ? Le péché, en tant que puissance travaillant à la ruine finale de l'homme. Dans le mystère de la passion du Christ, le péché, qui avait dominé les hommes et les avait réduits à l'esclavage, était à son tour dominé et privé de sa force. Le péché ne sera plus le maître de son esclave, aussi écrasé, brisé et battu soit-il, si ce dernier se cache dans le creux de ce rocher et met sa confiance dans celui qui a été crucifié pour lui. Pour montrer la vérité de cette déclaration, témoignage peut être rendu par la grande multitude d'hommes et de femmes qui, se tenant au pied de la croix, ont dit et peuvent dire : « L'impossible est devenu possible, car toutes les forces du mal ont été brisées par le pouvoir de celui qui détient la grâce. »

Le péché, en tant que force apportant la ruine, a été anéanti à la croix. Si l'homme n'entre pas en relation avec la croix, alors le péché reste une force si grande que personne ne peut la vaincre. Dans le creux du rocher, il existe une sécurité parfaite et une parfaite victoire. « Tout est accompli », a dit le maître ; et parce qu'il voulait dire que c'était la fin de la puissance du péché, il voulait dire aussi qu'il avait accompli l'œuvre par laquelle la grâce coulerait comme un fleuve.

> « *La grâce coule comme un fleuve, des millions s'y sont abreuvés ; et pourtant elle coule toujours du côté percé du Sauveur.* »

LA GRÂCE DANS LE CROYANT

Les ressources de la grâce sont confiées à l'Église et à ses membres. En conséquence, l'appartenance à l'Église est une obligation pour bénéficier de ces ressources et pour la sanctification. On ne peut pas jouir de certains de ces bénéfices en dehors de l'Église. Afin de recevoir pleinement les bienfaits de la grâce, l'individu doit se séparer du monde et confesser le Christ devant les hommes, comme Il l'a demandé à ses disciples :

> « C'est pourquoi, quiconque me confessera devant les hommes, Je le confesserai aussi devant mon Père qui est dans les cieux ; mais quiconque me reniera devant les hommes, Je le renierai aussi devant mon Père qui est dans les cieux. » Matt. 10 : 32-33

L'homme est un être sociable, et sa religion, tout comme son bien-être, dépendent de son association avec ceux qui ont les mêmes idées. Ceux qui caressent l'espoir d'être des croyants, mais ne rendent publiquement aucun témoignage de leur foi, mettent de côté une importante ressource de la grâce, et ainsi empêchent leur propre sanctification. Le croyant cultivera aussi l'amour pour la Parole de Dieu. Elle l'amène à se connaître lui-même et produit l'humilité. Le croyant, par la loi de Dieu, prend connaissance du péché qui est en lui. La douceur et l'humilité du cœur sont les effets de la Parole. L'individu est ainsi gardé « pauvre en esprit. »

23. *Ibid.*, p. 313-315

LA GRÂCE DANS L'INCROYANT

Lorsque Jésus vit Nathanaël venir à lui, il dit :

« Jésus, voyant venir à Lui Nathanaël, dit de lui : Voici vraiment un Israëlite dans lequel il n'y a point de fraude. » Jean 1 : 47

La définition d'un Israëlite, pour Dieu, est un homme dont le cœur est pur, dont la vie est droite, dont les mobiles sont propres. Ces caractéristiques ne dépendent ni de la naissance, ni de l'observation des cérémonies. Tout individu répondant à cette définition à la promesse de la rédemption, car dans son épître aux Romains l'apôtre Paul déclare :

« Et ainsi tout Israël sera sauvé, selon qu'il est écrit: Le Libérateur viendra de Sion, et il détournera de Jacob les impiétés; » Rom. 11 : 26

Dieu a donné à la nation juive en premier l'occasion de devenir le véritable Israël de Dieu. Mais, si certains individus ont réussi, la nation juive elle-même a échoué et n'a plus été reconnue comme étant le peuple de Dieu. Le message de la bonne nouvelle a été alors porté aux Gentils, afin qu'il en sorte un peuple lui appartenant.

Beaucoup buttent contre cette question : Comment un Gentil peut-il devenir un Israëlite ? Si les Juifs, avec tous leurs avantages, ont échoué, si Dieu les a rejetés et mis de côté, comment les Gentils réussiront-ils ? Dieu vient à nous, qui sommes des Gentils par nature, et nous dit : « Je vous donnerai l'occasion de prendre la place de ceux qui ont échoué et vous serez enrôlés comme membres de la vraie famille d'Israël. » Comment cela se fera-t-il ? Comment les Gentils peuvent-ils avoir part aux promesses faites à Abraham et à sa postérité ? Allons-nous, par de bonnes œuvres, nous rendre dignes d'un tel privilège? Non, car c'est ce que les Juifs ont fait, et où ils ont échoué.

Nous devons trouver un meilleur chemin. Les Saintes Écritures déclarent :

> « *Vous tous qui avez été baptisés en Christ vous avez revêtu Christ. Il n'y a plus ni Juif, ni Grec, il n'y a plus ni esclave ni libre, il n'y a plus ni homme ni femme ; car tous vous êtes un en Jésus-Christ. Et si vous êtes à Christ, vous êtes donc la postérité d'Abraham, héritiers selon la promesse.* » Gal. 3 : 27-29

À la lumière de ce texte, il devient clair que la foi au Christ est la condition primordiale. Nous sommes sauvés par la foi, et non par les œuvres. C'est là que les Juifs ont échoué. Ils ont laissé le « don de Dieu » en dehors de leurs calculs, et ils ont cherché à atteindre la justice révélée dans la loi par leurs propres œuvres.

Les Gentils, à leur tour, recherchent cette même justice, mais par la foi au Seigneur Jésus-Christ, car comme l'a si bien dit l'apôtre Paul aux Romains :

> « *Car tous ont péché et sont privés de la gloire de Dieu.* » Rom. 3 : 23

Tous les habitants de ce monde devraient se joindre à W. B. Bradbury, l'auteur des paroles du cantique inséré au numéro 224 du recueil des Hymnes et Louanges :

Tel que je suis, sans rien à moi,
Sinon Ton sang versé pour moi
Et ta voix qui m'appelle à Toi,
Agneau de Dieu, je viens, je viens!

Tel que je suis, bien vacillant,
En proie au doute à chaque instant,
Lutte au dehors, crainte au-dedans,
Agneau de Dieu, je viens, je viens!

Tel que je suis, Ton cœur est prêt,
À prendre le mien, tel qu'il est,
Pour tout changer, Sauveur parfait,
Agneau de Dieu, je viens, je viens!

Tel que je suis, ton grand amour
A tout pardonné sans retour,
Je veux être à Toi dès ce jour;
Agneau de Dieu, je viens, je viens!

24. William G. T. Shedd, *Dogmatic Theology*, Vol. II, p. 361-362
25. William H. Branson, *The Way to Christ*, p. 46-49

LE PARDON DU PÉCHÉ
ET LA GRÂCE

« *En lui nous avons la rédemption par son sang,
la rémission des péchés, selon la richesse de sa
grâce.* » Éphésiens 1 : 7

D'après ce texte, le pardon des péchés est une création de la grâce, et cependant il est lié au prix payé par
notre Rédempteur. De même que le don de Jésus-Christ,
par qui la justice est satisfaite, fut un acte de libre faveur
de la part de Dieu, de même le don du pardon qui vient
par Jésus-Christ est une question de grâce absolue et, en
aucune manière, une dette ou une obligation. Du texte
précédent, on peut apprendre « la mesure du pardon ».

Notez que cette mesure est selon la richesse de la grâce
de Dieu et que cette déclaration conduit à déduire que ce
n'est pas le caractère ou la personne de l'offenseur qui est
la mesure de la miséricorde, mais le caractère de l'offen-
sé. N'y a-t-il pas, dans cet acte, une riche consolation ?
Le pardon que l'on peut espérer ne sera pas mesuré par
vous et ce que vous êtes, mais par Dieu et ce qu'il est. En
matière d'offense et de pardon, la règle se vérifie presque
toujours d'après laquelle le pardon devient possible ou
impossible, facile ou difficile, non pas tant selon l'offense

mais selon le caractère de la personne offensée.

Si le pardon de Dieu était comme le caractère des hommes, il ne leur serait jamais pardonné quoi que ce soit. S'il devait être mesuré selon les offenses, là non plus il n'y aurait jamais de pardon. Mais la probabilité du pardon réside dans le caractère de Dieu. « Alors toi, le coupable, toi qui t'es condamné toi-même, reprends courage et espoir, viens aux pieds de ton Père, et dis : Père, pardonne-moi, parce que j'ai péché. »

Puisque le pardon des péchés est « selon la richesse de sa grâce », alors il ne dépend pas de notre conception de la miséricorde de Dieu, mais de cette miséricorde même et de ses richesses. Nous avons parfois des pensées dures au sujet de Dieu ; nous mesurons selon notre boisseau, nous pensons qu'il ne peut pardonner telle ou telle faute et que, sur certains points, sa grâce peut être vaincue par la méchanceté humaine. L'idée que nous nous faisons de la miséricorde divine est étroite et nous croyons que Dieu est comme nous. Mais il nous dit par l'intermédiaire du prophète Ésaïe:

« *Car mes pensées ne sont pas vos pensées, et mes voies ne sont pas vos voies, dit l'Éternel.* » Ésa. 55 : 8

L'amour de Dieu ne peut se mesurer avec un mètre, ni sa miséricorde posée sur la balance d'un marchand. Les richesses de la grâce de Dieu dépassent toutes les richesses que notre imagination peut attribuer à celui dont le nom est amour. On voit ici que le pardon du péché nous est accordé entièrement à travers Jésus-Christ notre Seigneur, et si nous allons vers Christ, les yeux fixés sur son sacrifice rédempteur, nous obtenons le pardon par la vertu de son sang. « Le pardon selon la richesse de sa grâce » est offert à chacun de nous, maintenant même, et jusqu'à la fin du monde.

Ces Juifs avaient des sentiments plus nobles que ceux de Thessalonique ... ils examinèrent chaque jour les écritures pour voir si ce qu 'on leur disait était exact.
Actes 17: 11

CONCLUSION

La plupart des discussions sur la doctrine biblique de la grâce ont été fautives parce qu'elles ont réduit le sens des mots en s'attachant seulement à certains aspects et en tentant, ensuite, d'imposer ce sens pour tous les passages de la Bible qui s'y réfèrent. Par exemple, les érudits Catholiques, en partant de la signification du mot grâce dans la lettre de l'apôtre Paul écrite aux Corinthiens:

« Et il m'a dit : ma grâce te suffit, car ma puissance s'accomplit dans la faiblesse. Je me glorifie donc bien plus volontiers de mes faiblesses afin que la puissance de Christ repose sur moi. »
2 Cor. 12 : 9

Ils ont interprété la déclaration suivante de l'apôtre Paul faite aux chrétiens de Rome:

« Et ils sont gratuitement justifiés par sa grâce, par le moyen de la rédemption qui est en Jésus-Christ. »
Rom. 3 : 24

Interprétation qui fausse entièrement l'argumentaire de l'apôtre Paul.

D'autre part, des extrémistes protestants ont essayé d'inverser les choses et d'affirmer que la grâce ne peut signifier qu'une faveur en tant qu'attitude, avec des résultats tout aussi désastreux du point de vue de l'exégèse. Il en est résulté une confusion qui a empêché les hommes de voir que la plupart des controverses au sujet de la grâce servent des buts opposés. Il n'est donc pas nécessaire, ni même possible, de donner une définition rigide du mot grâce.

Cependant, on trouve encore une seule acception présente dans presque tous les cas où l'on rencontre ce mot, l'acception selon laquelle un chrétien est centré exclusivement en Dieu et en Christ et dépend complètement de Dieu et de Christ. Le royaume de Dieu est réservé à tous ceux qui deviennent comme des petits enfants, à ceux qui comptent sur leur Père avec une confiance affectueuse en ses bienfaits, qu'il s'agisse du pardon accordé si libéralement, ou de la force qui vient de celui qui agit en eux pour accomplir sa volonté selon son bon plaisir.

AU SUJET DE L'AUTEUR

Actuellement retraité, Jean Daphnis, á la fin de ses études de théologie en Juin 1964, a commencé sa carrière pastorale en travaillant comme Stagiaire dans le district du Cap-haïtien. Puis il a successivement été Chef du district de Port Margot et Chef du district de Plaisance, dans la Mission des Adventistes du Septième Jour du Nord d'Haïti.

Appromativement deux mois après son transfert á Plaisance, Jean Daphnis a accepté un appel de la Fédération des Adventistes du Septième Jour de la Martinique oú il a travaillé comme Pasteur d'Ajoupa-Bouillon, de Basse pointe, de Belle Fontaine, de Carbet, de Case Pilote, de Fond Layé, de Fond Saint Denis, du Fort (Saint Pierre), de Grand 'Rivière, de Hermitage, d'Horeb, de Morne Rouge, de Morne Vert, de Mouillage (Saint Pierre), de Prêcheur, de Smyrne, et de Volga Plage. Jean Daphnis a été Aumonier et Professeur de bible, Directeur du département de la Jeunesse et Directeur du Ministère personnel de la Fédération des Adventistes du Septiéme Jour .

Pendant qu'il occupait la position de Pasteur des églises d'Horeb et de Hermitage, Jean Daphnis a reçu du comité de la Fédération des Adventistes du Septiéme Jour de la Martinique une bourse et il a poursuivi ses études en théologie et éducation á l'Université Adventiste du Nord de la Caraïbe, Mandeville, Jamaïque.

Alors qu'il était Pasteur de l'église de Smyrne en 1979, Jean Daphnis a accepté un appel de la Conférence

Générale á occuper le poste de Vice Président du projet du Kasai qui, environ deux années plutard a été organisé et il a été nommé Secrétaire exécutif de la Mission des Adventistes du Septième Jour du Centre du Zaire, ciaprès Communauté des Adventistes du Septième Jour du Centre de la République Démocratique du Congo.

L'éducation de ses enfants l'ayant contraint de quitter la République Démocratique du Congo pour s'établir dans l'état de la Floride oú Marlyne et Frandzie fréquentaient depuis 1982 l'Académie de Forest Lake, Jean Daphnis a travaillé en qualité de Pasteur d'église jusqu'á la fin de sa carrière.

We invite you to view the complete
selection of titles we publish at:

www.ASPECTBooks.com

Scan with your mobile
device to go directly
to our website.

Please write or email us your praises, reactions, or
thoughts about this or any other book we publish at:

AB ASPECT Books
www.ASPECTBooks.com

11 Quartermaster Circle
Fort Oglethorpe, GA 30742

info@ASPECTBooks.com

ASPECT Books titles may be purchased in bulk for educational,
business, fund-raising, or sales promotional use.
For information, please e-mail:

BulkSales@ASPECTBooks.com

Finally, if you are interested in seeing
your own book in print, please contact us at

publishing@ASPECTBooks.com

We would be happy to review your manuscript for free.

www.ingramcontent.com/pod-product-compliance
Lightning Source LLC
Chambersburg PA
CBHW060443090426

42733CB00011B/2371

9781479603992